AF242553

I 27
n
222279

DISCOURS

PRONONCÉS

SUR LA TOMBE DE M. HARBAVILLE ⚜

membre résidant.

ARRAS

TYPOGRAPHIE ET LITHOGRAPHIE DE A. COURTIN, RUE DU 29 JUILLET.

1866

ACADÉMIE D'ARRAS.

DISCOURS

PRONONCÉS

SUR LA TOMBE DE M. HARBAVILLE ✳,

Membre résidant,

Indépendamment des principaux fonctionnaires publics et des notabilités de la ville et du département ; à la députation officielle de l'Académie, s'étaient joints la plupart des membres résidants, pour rendre les derniers devoirs à un collègue si justement regretté.

Après l'accomplissement des cérémonies religieuses, M. Laroche, président de l'Académie, a pris ainsi la parole :

MESSIEURS,

La mort marche vite... à peine une tombe est-elle fermée, qu'elle se hâte d'en ouvrir une autre et ses coups frappent l'Académie d'une manière de plus en plus sensible. Nous nous séparions naguère d'un collègue (¹), dont la renommée européenne contribuait à faire refléter un éclat extérieur sur la Société, dont il ne pouvait, d'ailleurs, à raison de ses occupations multipliées, fréquenter habituellement les réunions; aujourd'hui, nous nous sentons atteints au cœur même de l'Académie, en perdant l'un de ses plus anciens et de ses plus actifs fondateurs, l'un de ses membres les plus laborieux et les plus assidus pendant le cours de quarante-cinq années consécutives !...

Né à Arras, d'un père qui, en s'y fixant, s'était allié à une famille artésienne, M. Harbaville dut à une éducation libérale l'avantage d'une base solide d'instruction classique et d'un goût précoce pour l'étude, qu'il · conserva jusqu'à ses derniers jours. Il avait commencé par se livrer aux séductions de la poésie et ces premiers jets d'une chaleureuse imagination avaient appelé l'intérêt sur lui. Bientôt, prévalurent des goûts plus sévères : l'application au travail, aidée d'une vive intelligence, du talent de l'observation, de l'habitude de la réflexion, fit, en peu de temps, du jeune littérateur, un des hommes les plus instruits de la ville d'Arras.

C'était précisément à cette époque, déjà bien éloignée de nous, que se réunissaient, pour rétablir l'ancienne Académie d'Arras, quelques amis des sciences, des lettres et des arts. Dès le commencement de 1820, sur la proposition de notre vénérable doyen, M. Thellier de Sars, ils appelèrent M. Harbaville à prendre rang parmi eux. Ce ne fut point, à ses yeux, un vain et stérile honneur, mais un engagement sérieux de coopérer à « des

____

(1) M. Crespel-Dellisse.

travaux honorables qui n'avaient que l'utilité publique pour but. » (¹)

Les 37 volumes de l'Académie sont là pour témoigner de l'ardeur, de la persévérance avec laquelle notre collègue s'acquitta de ses nouveaux devoirs. — Vous le savez, Messieurs, l'accomplissement ·du devoir porte toujours avec soi sa récompense. En contribuant, avec les membres de la Société, à la propagation des sciences et des lettres, M. Harbaville travaillait à s'élever lui-même et à se grandir dans l'estime de ses compatriotes ; l'homme d'étude, le membre de l'Académie fut jugé digne de siéger dans le conseil de la cité. Ce fut là qu'il commença à s'initier, par la pratique, à la science de l'économie politique, pour laquelle il se sentait un vif penchant.

Il sut en retirer encore un autre avantage. Ce premier exercice, ce premier stage à travers l'Administration municipale, le rendirent d'autant plus apte à remplir les fonctions de conseiller de préfecture, qu'il exerça dix-huit ans, avec un talent auquel on rendit pleine justice et qui lui valut la plus noble des récompenses, la croix d'honneur.

Pourtant et au milieu de la complication de ses devoirs officiels, s'était développé le goût dominant de notre collègue. C'était, avec amour, qu'il s'attachait à la science de l'archéologie, à la connaissance de l'histoire et notamment de celle de sa province, de sa ville natale. Dans nos fastes, dans nos monuments, dans nos archives, il recherchait les origines de nos communes, leur antiquité, l'étymologie de leurs noms, leurs chartes primitives....

(1) Expressions de la lettre officielle.

Nous devons à cette heureuse et patriotique passion le plus riche, le plus intéressant répertoire que nous possédions sur le millier de communes et de hameaux dont se compose le département du Pas-de-Calais. Si l'on se sent effrayé à la pensée de la multitude de documents qu'a dû compulser M. Harbaville pour produire un tel ouvrage ; comment ne serait-on pas touché de cette délicatesse de conscience qui l'a porté jusqu'à la fin de sa vie à de nouvelles et incessantes recherches pour compléter, perfectionner son œuvre, dans une deuxième édition ?

Nous nous sommes arrêté sur le *Mémorial historique du Pas-de-Calais*, comme étant l'œuvre capitale de M. Harbaville ; nous n'essaierons même point de retracer ici la simple nomenclature de ses autres ouvrages; cette tâche demeure réservée au membre que l'Académie chargera sans doute de la rédaction d'une notice complète sur les œuvres de notre regretté collègue. Il nous suffira, pour vous donner une idée du nombre, de l'importance et de la variété de ses travaux ; de rappeler qu'il eut l'honneur de présider, douze ans, l'Académie d'Arras, et près de dix-neuf ans, la Commission départementale des Monuments historiques.

Les honneurs appellent les honneurs, — les sociétés savantes s'empressaient à l'envi de s'associer notre collègue et de s'assurer de son utile concours.—Nous nous contenterons de signaler, à leur tête, les Sociétés des Antiquaires de la Morinie et de la Picardie, la Société d'archéologie de Belgique, celles de Liège, de Douai, etc.

De son côté, l'Administration municipale d'Arras avait inscrit son nom parmi les membres de la Commission administrative du musée et de la Commission de surveillance de la bibliothèque publique.

M. Harbaville suffisait à des obligations si diverses, si multiples, lorsque sa santé commença à s'altérer davantage. La maladie, dont il essuyait avec tant de courage les trop fréquents accès, lui interdit tout travail prolongé. Cette privation était seule par elle-même, pour lui, une douleur ajoutée à ses cuisantes douleurs. Il donna sa démission de la présidence de la Commission départementale, il cessa d'assister aux séances de l'Académie. Il se résignait, sans doute, aux sacrifices qui lui étaient imposés ; mais le sacrifice lui était profondément pénible. La dernière fois qu'il nous fut permis de le visiter, nous le trouvâmes calme, mais triste ; il saisit la circonstance, pour nous charger d'exprimer à ses collègues ses regrets de ne plus se réunir à eux, son désir et son espérance de profiter d'un intervalle de calme pour nous communiquer l'un de ses travaux inédits. Cet espoir ne s'est point réalisé ; le mal s'est subitement aggravé ; en quelques heures, notre vénéré collègue nous a été enlevé.... (1). Mais sa mémoire vivra parmi nous. Elle vivra, Messieurs ; car qui de nous pourrait oublier le constant empressement de notre collègue à mettre, à la disposition de tous, les trésors de sa vaste et solide érudition, à aider de ses lumières chacun de ceux qui venaient interroger sa mémoire si sûre, son jugement si ferme, sur les questions les plus ardues de l'histoire et de l'archéologie ?

Nul de nous, non plus, Messieurs, ne saurait oublier cette urbanité dans les relations, cette aménité dans les formes, cette modestie dans la supériorité, qui ne se démentirent jamais. Enfin, Messieurs, vous nous repro-

(1) Le 15 janvier 1866, muni des Sacrements de l'Église

cheriez, avec raison, de ne pas rappeler ici hautement
que la science et les talents n'étaient, chez M. Harbaville, que l'ornement de *l'homme de bien*, et que c'est
encore et surtout à ce dernier titre, qu'il laisse, comme
le plus précieux héritage, à sa famille, un nom honoré
de l'estime publique.

M. l'abbé Van Drival, membre et délégué de la Commission départementale des Monuments historiques, s'est
ensuite exprimé en ces termes :

Messieurs,

C'est au nom de la Commission des Monuments historiques du département du Pas-de-Calais, que je me
vois chargé en ce moment de la mission, à la fois si
triste et si douce, de prononcer quelques paroles d'éloge
et de douleur devant la tombe de celui que nous pleurons.

Je n'ai donc à considérer ici M. Harbaville qu'au point
de vue de l'homme de lettres, de l'historien de notre
pays; de l'ami dévoué, infatigable, de ses monuments
et de ses œuvres d'autrefois. Et, à ce point de vue,
M. Harbaville nous apparaît aussitôt comme un homme
qui a rendu au Nord de la France des services éminents.
Il nous apparaît avec ce caractère d'initiative puissante
et calme, avec cette force d'intuition tranquille et sûre
d'elle-même, qui sait se mettre au-dessus des préoccu-
pations qui l'entourent et suivre une voie nouvelle, que
peu comprennent d'abord, et que beaucoup suivront
bientôt.

En effet, dès 1832, à une époque où les études d'archéologie et d'histoire locale étaient certes bien peu estimées et cultivées encore, bien des années, par conséquent, avant le développement de ce grand mouvement qui, depuis 1839 et 1840, a entraîné la France et l'Europe dans des études et des actes aujourd'hui si avancés et goûtés partout; dans notre pays, fier d'avoir été l'un des premiers à étudier nos gloires nationales, M. Harbaville avait courageusement donné le signal de ce noble réveil. Citerai-je ici le titre de ce livre que tous nous consultons si souvent : le *Mémorial historique du Pas-de-Calais?* Je laisserai la parole à un écrivain du pays dont nous regrettons aussi la perte, à l'érudit M. Le Glay, et je rappellerai ce qu'il nous disait, à Arras, au Congrès scientifique de 1853 : « Quand je n'aurais à signaler, nous » disait-il, de M. Harbaville, que les deux volumes ayant » pour titre : *Mémorial historique du Pas-de-Calais*, je » serais en mesure d'exciter en cette assemblée un juste » sentiment de reconnaissance pour l'honorable écrivain » qui peut revendiquer le mérite et la gloire d'avoir » popularisé ainsi l'histoire de son département. Il n'est » point de village, point de lieu un peu notable, que ne » décrive le *Mémorial* avec science et conscience. » Et, si de légères erreurs, si quelques lacunes, inséparables de tout travail de ce genre, et que M. Harbaville avait fait disparaître dans une autre édition que la mort l'a empêché de terminer, se rencontrent dans cet ouvrage, ces taches légères prouvent précisément ce caractère d'initiateur et d'investigateur dévoué, qui nous apparaît à la première période de la vie littéraire de celui que nous pleurons. Il ouvrait une voie nouvelle, il renversait des obstacles, il débarrassait le chemin dans lequel nous

avons été heureux de le suivre ; à nous, ses disciples et
ses amis, le devoir de terminer et de polir son travail
si franchement attaqué, si heureusement mené bien près
du complet achèvement.

A ce caractère d'initiateur vient se joindre, chez M. Harbaville, un autre caractère non moins digne de toute
notre reconnaissance. M. Harbaville nous apparaît, dans
la seconde période de sa vie, comme un homme qui
dirige avec sagesse, qui encourage avec douceur et oubli
de lui-même les travaux de ceux qui sont devenus ses
collègues sans cesser de le regarder toujours comme
leur maître bien-aimé.

Pendant dix-huit ans, il siége au milieu de nous, car
chaque année nos libres suffrages aimaient à le procla-
mer de nouveau notre chef ; et pendant ces dix-huit ans
de vice-présidence active, combien de travaux, combien
d'écrits, combien d'actes n'ont point signalé, dans tout
le département du Pas-de-Calais, la sollicitude agissante,
la vigilance continue avec lesquelles la Commission des
Monuments historiques accomplit le mandat qui lui est
confié par M. le Préfet ! C'est que cette Commission avait
à sa tête un travailleur infatigable, un homme plein de
bonté et d'affection pour ses collègues, un noble cœur
en même temps qu'un esprit distingué, un homme dont
le commerce était toujours agréable et sûr, avec qui nos
travaux devenaient un véritable plaisir, et nos fatigues
presque un délassement.

Et ici, je suis conduit, en terminant, à signaler dans
M. Harbaville ces rares qualités du cœur, qui chez lui
se joignaient si bien à celles de l'esprit. Mes collègues
se rappelleront, comme moi, bien des circonstances dans
lesquelles se révélèrent vivement ces nobles sentiments.

Quand ses amis éprouvaient quelques succès, quand ils étaient dans le bonheur et dans la joie, M. Harbaville se réjouissait de toute son âme à ces bonnes nouvelles ; mais il ne se hâtait point d'aller féliciter celui que le bonheur venait de visiter. Quand au contraire, ses collègues venaient à être atteints de l'une ou de l'autre de ces mille épreuves qui sont le lot de cette triste vie, alors on était bien certain que la première visite de condoléance serait celle de M. Harbaville ; que sa parole serait sincèrement émue, sa consolation véritable et venant du cœur, sa participation à la douleur vivement sentie.

Nous ne l'avons plus au milieu de nous, ce cœur généreux et bon, nous ne l'avons plus, cet esprit délicat et distingué. Ah ! sans doute, espérons-le, cet esprit et ce cœur reposent ou reposeront bientôt, dans la vue du vrai, dans la jouissance du bien, près du Dieu que le fervent chrétien aima et servit avec fidélité. Car M. Harbaville eut pendant les longues années de sa vie une foi ferme, et ses œuvres furent conformes à sa croyance. Et c'est pour cela que sa mémoire sera pour nous un souvenir plein de pieuse espérance, et notre prière aimera dès maintenant à vivre encore avec sa belle âme, pour l'aider a conquérir ce monde meilleur où nous la retrouverons plus tard.

Arras. — Typographie et lithographie de A. Courtin.